Christmas Tales: Bilingual Polish and English Stories

Teakle

Published by Teakle, 2023.

CHRISTMAS TALES: BILINGUAL POLISH AND ENGLISH STORIES

First edition. July 12, 2023.

Table of Contents

Zaginiona Gwiazdka
The Lost Star

W malutkiej wiosce o imieniu Śnieżkowo, gdzie wszyscy mieszkańcy byli bardzo podekscytowani nadchodzącym Bożym Narodzeniem, działy się magiczne rzeczy. Gwiazdka, która zawsze zdobiła szczyt najpiękniejszej choinki w wiosce, nagle zniknęła jednej nocy. Elfki i elfowie byli zaniepokojeni, ponieważ bez Gwiazdki ich świąteczna magia była niekompletna.

In a tiny village named Snowville, where all the inhabitants were very excited about the upcoming Christmas, magical things were happening. The star that always adorned the top of the most beautiful Christmas tree in the village suddenly disappeared one night. The little elves were worried because without the star, their Christmas magic was incomplete.

Elfka Mia i Elf Gaweł postanowili wziąć sprawy w swoje ręce i odnaleźć zaginioną Gwiazdkę. Przez cały dzień przeszukiwali lasy, kopali śnieg i szukali wszędzie, ale nie mogli znaleźć ani śladu Gwiazdki. Mia miała jednak pewien pomysł.

Elf Mia and Elf Gawel decided to take matters into their own hands and find the lost star. They searched through the forests, dug through the snow, and looked everywhere all day long, but they couldn't find a trace of the star. However, Mia had an idea.

Mia przypomniała sobie o magicznej studni elfów, która według legendy mogła spełniać życzenia. Postanowiła rzucić monetę do studni i życzyć sobie odnalezienia zaginionej Gwiazdki. Gaweł zrobił to samo, a potem oboje zamknęli oczy i wypowiedzieli swoje życzenia.

Mia remembered the magical well of the elves, which according to legend could grant wishes. She decided to throw a coin into the well and make a wish to find the lost star. Gawel did the same, and then they both closed their eyes and made their wishes.

Kiedy otworzyli oczy, ich usta opadły ze zdumienia. Wszędzie dookoła nich rozświetlały tysiące małych gwiazdek. Nie tylko odnaleźli zaginioną Gwiazdkę, ale znaleźli również inne gwiazdki, które przez lata zgubiły się w lesie. Mia i Gaweł byli bardzo szczęśliwi.

When they opened their eyes, their mouths dropped in astonishment. Thousands of little stars were sparkling all around them. Not only had they found the lost star, but they had also discovered other stars that had been lost in the forest for years. Mia and Gawel were overjoyed.

Elfy postanowiły przynieść wszystkie znalezione gwiazdki do wioski. Wszyscy mieszkańcy byli zdumieni i zachwyceni widokiem gwiazd na niebie. Mia, Gaweł i inni elfowie udekorowali najwyższe drzewo w wiosce wszystkimi odnalezionymi gwiazdkami. Teraz ich świąteczna magia była pełna i kompletna.

The elves decided to bring all the found stars back to the village. All the villagers were amazed and delighted by the sight of stars in the sky. Mia, Gawel, and the other elves decorated the tallest tree in the village with all the recovered stars. Now their Christmas magic was full and complete.

Wigilia nadeszła, a cała wioska świeciła jasno pod blaskiem pięknych gwiazdek. Wszyscy złożyli sobie życzenia, a Gwiazdka na szczycie choinki rozświetlała drogę dla Świętego Mikołaja. Ten Boży Narodzenie było najpiękniejszym, jakie kiedykolwiek miało miejsce w Śnieżkowie.

Christmas Eve arrived, and the whole village shone brightly under the glow of the beautiful stars. Everyone made their wishes, and the star on top of the tree lit the way for Santa Claus. This Christmas was the most beautiful one ever to take place in Snowville.

Od tej pory, każdego roku, mieszkańcy wioski świętują i dziękują za wspaniałą magię gwiazdek. Elfy Mia i Gaweł zawsze będą pamiętać o przygodzie, która doprowadziła do odnalezienia zaginionej Gwiazdki i o tym, jak ważne jest dzielenie się magią Bożego Narodzenia z innymi.

From that day on, every year, the villagers celebrate and give thanks for the wonderful magic of the stars. Elves Mia and Gawel will always remember the adventure that led to finding the lost star and how important it is to share the magic of Christmas with others.

Magiczne Renifery Świętego Mikołaja

Santa's Magical Reindeer

Było to tuż przed Wigilią Bożego Narodzenia w małej wiosce o imieniu Zimowy Zakątek. W tej wiosce mieszkały elfy, które pomagały Świętemu Mikołajowi przygotowywać prezenty dla wszystkich grzecznych dzieci na całym świecie. Jednak elfy miały pewien problem - renifery Świętego Mikołaja zniknęły!

It was just before Christmas Eve in a small village called Winter Haven. In this village lived the elves who helped Santa Claus prepare gifts for all the good children around the world. However, the elves had a problem - Santa's reindeer had disappeared!

Elfka Zuzia była odważna i zdecydowała się wyruszyć na poszukiwania zaginionych reniferów. Wzruszona ich zniknięciem, postanowiła odnaleźć ich jak najszybciej. Zuzia wzięła swoją magiczną latarnię, która świeciła drogą do wszystkich tajemniczych miejsc.

Elf Zuzia was brave and decided to embark on a search for the missing reindeer. Touched by their disappearance, she resolved to find them as soon as possible. Zuzia took her magical lantern that illuminated the path to all the mysterious places.

Przeszukiwała wioskę i docierała do wszystkich kątów, w nadziei, że znajdzie choć jeden ślad reniferów. W końcu, na skraju wioski, odkryła dziwne ślady w śniegu. To musiały być ślady reniferów! Zuzia poszła za śladami, które prowadziły ją do głębokiego lasu.

She searched the village and reached every corner, hoping to find at least one trace of the reindeer. Finally, on the edge of the village, she discovered strange footprints in the snow. Those had to be reindeer tracks! Zuzia followed the tracks that led her into a deep forest.

W lesie Zuzia znalazła ukryte miejsce, w którym spoczywały zaginione renifery. Wydawały się zaniepokojone i zmarznięte. Elfka natychmiast użyła swojej magicznej latarni, aby ogrzać i ukojenie zasnąć renifery. Kiedy obudziły się, były pełne energii i gotowe do dalszych przygód.

In the forest, Zuzia found a hidden spot where the missing reindeer were resting. They seemed worried and cold. The elf immediately used her magical lantern to warm them and help them fall asleep peacefully. When they woke up, they were full of energy and ready for more adventures.

Zuzia prowadziła renifery z powrotem do wioski, gdzie elfy czekały z niecierpliwością. Kiedy renifery pojawiły się w Zimowym Zakątku, wszystkie elfy obiegły się radością. Święty Mikołaj był szczęśliwy, widząc swoje ukochane renifery z powrotem.

Zuzia led the reindeer back to the village where the elves were eagerly waiting. When the reindeer appeared in Winter Haven, all the elves rejoiced. Santa Claus was overjoyed, seeing his beloved reindeer returned.

Wigilia nadszedł, a Święty Mikołaj, razem z odnowionymi reniferami, wyruszył w podróż, aby dostarczyć prezenty wszystkim dzieciom na świecie. Renifery Zuzii teraz miały magiczną moc, która pozwalała im latać szybko i spokojnie. To był najwspanialszy prezent dla Świętego Mikołaja.

Christmas Eve arrived, and Santa Claus, along with the rejuvenated reindeer, set off on a journey to deliver presents to all the children in the world. Zuzia's reindeer now had magical powers that allowed them to fly swiftly and peacefully. It was the most wonderful gift for Santa Claus.

Od tej pory, w każdej Wigilii, dzieci z całego świata podziwiały magiczne renifery Świętego Mikołaja, które przynosiły im prezenty. Dzięki odwadze i determinacji Zuzi, Święty Mikołaj mógł kontynuować swoją misję i sprawiać uśmiech na twarzach dzieci w każdym zakątku globu.

From that day on, every Christmas Eve, children from all over the world admired Santa Claus's magical reindeer, which brought them gifts. Thanks to Zuzia's courage and determination, Santa Claus could continue his mission and bring smiles to children's faces in every corner of the globe.

Złoty Dzwoneczek Świętego Mikołaja
Santa's Golden Bell

Było raz w małym miasteczku o imieniu Śnieżkowo, gdzie ulice były ozdobione kolorowymi światełkami, a wszyscy mieszkańcy byli pełni radości. Nadchodził czas Bożego Narodzenia, a dzieci nie mogły doczekać się prezentów od Świętego Mikołaja. Jednak w tym roku miało się wydarzyć coś wyjątkowego.

Once upon a time in a small town called Snowville, where the streets were adorned with colorful lights and all the residents were filled with joy. Christmas time was approaching, and the children couldn't wait for the gifts from Santa Claus. However, something extraordinary was about to happen this year.

W Śnieżkowie mieszkała mała dziewczynka o imieniu Zuzia. Była pełna radości i miłości do świąt. Zuzia była znana w okolicy z tego, że miała czyste i dobre serce. Jednak, pewnej zimowej nocy, Zuzia dostała nietypowy prezent od Świętego Mikołaja. Był to złoty dzwoneczek.

In Snowville lived a little girl named Zuzia. She was full of joy and love for the holidays. Zuzia was known in the neighborhood for having a pure and kind heart. However, one winter night, Zuzia received an unusual gift from Santa Claus. It was a golden bell.

Zuzia była zaskoczona tym nietypowym prezentem. Dzwoneczek był piękny i lśnił złotym blaskiem. Nie było żadnej notatki od Świętego Mikołaja, więc dziewczynka była ciekawa, jaki był cel tego tajemniczego prezentu.

Zuzia was surprised by this unusual gift. The bell was beautiful and shone with a golden glow. There was no note from Santa Claus, so the girl was curious about the purpose of this mysterious gift.

Gdy Zuzia pociągnęła za sznureczek przyłączony do dzwoneczka, nagle stało się coś magicznego. Dzwoneczek zaczęli mówić i zapraszać Zuzię na wyjątkową podróż. Dziewczynka była zdumiona i podekscytowana.

As Zuzia pulled the string attached to the bell, something magical happened. The bell started to speak and invited Zuzia on a special journey. The girl was amazed and excited.

Zuzia wzięła dzwoneczek i w mgnieniu oka znalazła się w magicznej krainie Świętego Mikołaja. Widziała olbrzymie warsztaty, wypełnione elfami, którzy przygotowywali prezenty dla dzieci na całym świecie. Była zafascynowana tym widokiem.

Zuzia took the bell, and in the blink of an eye, she found herself in Santa Claus's magical realm. She saw enormous workshops filled with elves who were preparing gifts for children all around the world. She was fascinated by the sight.

Wśród elfów Zuzia spotkała głównego elfa, który przedstawił się jako Mikołajek. Był on odpowiedzialny za sprawy logistyczne i zaprosił Zuzię na wycieczkę po warsztatach. Razem z elfami, zwiedzali różne pomieszczenia, gdzie były przygotowywane prezenty, pakowane i etykietowane.

Among the elves, Zuzia met the head elf who introduced himself as Mikołajek. He was in charge of logistics and invited Zuzia for a tour of the workshops. Together with the elves, they visited various rooms where gifts were being prepared, wrapped, and labeled.

W trakcie wycieczki, Zuzia zobaczyła wielką mapę świata, na której były zaznaczone miejsca, gdzie zamieszkują grzeczne dzieci. Elf Mikołajek wyjaśnił, że dzięki tym wskazówkom Święty Mikołaj wie, gdzie dostarczyć prezenty w noc Wigilii.

During the tour, Zuzia saw a large map of the world with marked places where good children lived. Elf Mikołajek explained that thanks to these indications, Santa Claus knows where to deliver the gifts on Christmas Eve.

Po zwiedzaniu warsztatów, Zuzia wróciła do Śnieżkowa. Dzwoneczek przywrócił ją z powrotem do domu. Dziewczynka była pełna wdzięczności za tę niezwykłą przygodę i tajemniczy prezent.

After the workshop tour, Zuzia returned to Snowville. The bell brought her back home. The girl was filled with gratitude for this extraordinary adventure and the mysterious gift.

Od tej pory, dzwoneczek był dla Zuzi bardzo ważny. Dziewczynka nosiła go zawsze przy sobie jako talizman szczęścia. Dzwoneczek przypominał jej o magii Świąt i o tym, że każde serce pełne miłości może sprawić, że Boże Narodzenie staje się jeszcze piękniejsze.

From that day on, the bell was very important to Zuzia. The girl carried it with her as a lucky charm. The bell reminded her of the magic of Christmas and that every heart filled with love can make Christmas even more beautiful.

I tak, Zuzia świętowała kolejne Boże Narodzenie w Śnieżkowie, z dzwoneczkiem Świętego Mikołaja przy sobie. Była szczęśliwa, że miała okazję doświadczyć magicznego świata zabawy i dobroci. A dzwoneczek nadal błyszczał złotym blaskiem, przynosząc radość i nadzieję.

And so, Zuzia celebrated another Christmas in Snowville, with Santa Claus's bell by her side. She was happy to have had the opportunity to experience the magical world of joy and kindness. And the bell continued to shine with a golden glow, bringing joy and hope.

Magiczne Święta z Elfem Tomkiem
Magical Holidays with Elf Tom

Była raz jedna mała dziewczynka o imieniu Kasia, która bardzo kochała Święta Bożego Narodzenia. Kasia uwielbiała piękne dekoracje, świąteczne światełka i prezenty, ale przede wszystkim fascynowała ją magia Świętego Mikołaja. Każdego roku, wyczekiwała z niecierpliwością nadejścia wigilijnego wieczoru.

Once upon a time, there was a little girl named Katie who loved Christmas. Katie adored beautiful decorations, Christmas lights, and presents, but above all, she was fascinated by the magic of Santa Claus. Every year, she eagerly awaited the arrival of Christmas Eve.

Pewnej nocy, gdy Kasia spała, w jej pokoju pojawił się mały elf o imieniu Tomek. Elf miał długie, kędzierzawe włosy i świecące, zielone oczy. Tomek był jednym z pomocników Świętego Mikołaja, a jego zadaniem było przynoszenie magii i uśmiechu wśród dzieci.

One night, while Katie was asleep, a little elf named Tom appeared in her room. The elf had long, curly hair and shining green eyes. Tom was one of Santa Claus's helpers, and his task was to bring magic and smiles to children.

Tomek przywołał Kasię do życia, delikatnie dotykając jej dłoni. Dziewczynka otworzyła oczy i była zdumiona widokiem małego elfa. Tomek przedstawił się Kasi i opowiedział o swojej misji. Powiedział, że przybył, aby zabrać ją do magicznej krainy Świętego Mikołaja.

Tom awakened Katie by gently touching her hand. The girl opened her eyes and was amazed to see the little elf. Tom introduced himself to Katie and told her about his mission. He said that he had come to take her to Santa Claus's magical realm.

Kasia była podekscytowana i zgodziła się na przygodę. Razem z Tomkiem, wskoczyła na jego plecy, a elf zabrał ją do magicznej wioski na biegunie północnym. Tam czekała ich niesamowita przygoda.

Katie was excited and agreed to the adventure. Together with Tom, she hopped on his back, and the elf took her to the magical village at the North Pole. There, an incredible adventure awaited them.

W magicznej wiosce, Katie spotkała renifery, które ciągnęły sanie Świętego Mikołaja. Zobaczyła warsztaty, w których elfy przygotowywały prezenty i pakowały je w kolorowe papiery. Katie mogła nawet zobaczyć Świętego Mikołaja, jak sprawdza listy i przygotowuje się do podróży.

In the magical village, Katie met the reindeer that pulled Santa Claus's sleigh. She saw workshops where elves prepared gifts and wrapped them in colorful paper. Katie even had a glimpse of Santa Claus, checking lists and getting ready for the journey.

Tomek oprowadził Kasię po wiosce, pokazując jej wszystkie magiczne miejsca. Razem z elfami, przygotowali specjalne cukierki i świąteczne pierniczki. Kasia miała wspaniały czas, uczestnicząc w zabawach i śpiewając świąteczne piosenki.

Tom guided Katie around the village, showing her all the magical places. Together with the elves, they made special candies and holiday gingerbread cookies. Katie had a wonderful time, participating in games and singing Christmas songs.

Po niezapomnianej przygodzie w magicznej wiosce, Tomek odwiózł Kasię z powrotem do jej pokoju. Przed pożegnaniem, elf wręczył jej mały prezent - błyszczącą gwiazdkę. Powiedział, że ta gwiazdka przypomni jej o magicznych świętach przez cały rok.

After an unforgettable adventure in the magical village, Tom took Katie back to her room. Before saying goodbye, the elf gave her a small gift - a shining star. He said that the star would remind her of the magical holidays throughout the year.

Kasia budziła się rano, z uśmiechem na twarzy i gwiazdką w dłoni. Była pewna, że jej spotkanie z elfem Tomkiem było prawdziwe. Gwiazdka lśniła na jej biurku, przynosząc jej radość i wiarę w magię świąt.

Katie woke up in the morning with a smile on her face and the star in her hand. She was sure that her encounter with Elf Tom was real. The star shone on her desk, bringing her joy and faith in the magic of the holidays.

Od tego czasu, Kasia była szczęśliwa, wiedząc, że magia Świętego Mikołaja jest prawdziwa. Wszystkie święta były dla niej jeszcze piękniejsze, a gwiazdka zawsze przypominała jej o niezapomnianej przygodzie z elfem Tomkiem.

From that time on, Katie was happy, knowing that Santa Claus's magic was real. All the holidays were even more beautiful for her, and the star always reminded her of the unforgettable adventure with Elf Tom.

Opowieść o Małym Zajączku Wigilijnym

The Tale of the Little Christmas Bunny

Było sobie raz w malowniczej wiosce Zajączkowo, w lesie pełnym drzewek i magicznych stworzeń, małe, urocze zwierzątko o imieniu Kuba. Kuba był zajączkiem o puszystym białym futerku i różowych uszach. Kochał przygody i był pełen energii.

Once upon a time, in the picturesque village of Bunnyville, nestled in a forest full of trees and magical creatures, there was a little adorable creature named Kuba. Kuba was a bunny with fluffy white fur and pink ears. He loved adventures and was full of energy.

Wigilia Bożego Narodzenia zbliżała się, a w Zajączkowie wszyscy byli zajęci przygotowaniami. Każdy zwierzak miał swoje zadanie, a Kuba czuł, że chciałby również pomóc. Wiedział, że musi znaleźć coś, czym może się przydać.

Christmas Eve was approaching, and in Bunnyville, everyone was busy with preparations. Each animal had their tasks, and Kuba felt that he wanted to help too. He knew he had to find something that he could contribute with.

Pewnego dnia, podczas swojej wędrówki przez las, Kuba natrafił na mały, zapomniany domek. W środku odkrył skrzynię pełną kolorowych włóczek. Kuba wiedział, że to jest to! Postanowił nauczyć się dziergać, aby mógł stworzyć prezenty dla wszystkich zwierząt w Zajączkowie.

One day, during his wanderings through the forest, Kuba stumbled upon a small, forgotten cottage. Inside, he discovered a chest full of colorful yarn. Kuba knew that this was it! He decided to learn how to knit, so he could create presents for all the animals in Bunnyville.

Kuba prosił starszego zająca o naukę dziergania. Staruszek był zachwycony, że Kuba chce pomóc i zgodził się nauczyć go sztuki dziergania. Przez wiele dni, Kuba ćwiczył i uczył się różnych wzorów. Jego małe łapki pracowały pilnie, tworząc piękne, kolorowe rzeczy.

Kuba asked an older bunny to teach him how to knit. The elder bunny was delighted that Kuba wanted to help and agreed to teach him the art of knitting. For many days, Kuba practiced and learned different patterns. His little paws worked diligently, creating beautiful, colorful items.

Wigilia Bożego Narodzenia nadeszła, a wszystkie zwierzęta z Zajączkowa zebrali się razem, aby świętować. Każdy przyniósł swoje prezenty, pełne miłości i staranności. Kuba był podekscytowany, mając nadzieję, że jego prezenty będą się podobać.

Christmas Eve arrived, and all the animals in Bunnyville gathered together to celebrate. Everyone brought their gifts, filled with love and care. Kuba was excited, hoping that his presents would be well-received.

Kiedy nadszedł czas otwierania prezentów, Kuba z trepidacją podzielił się swoimi dziełami. Wszyscy byli zachwyceni pięknymi, ręcznie robionymi szalikami, czapkami i swetrami. Każde zwierzątko otrzymało prezent od Kuby, a atmosfera była pełna radości i wdzięczności.

When the time came to open the gifts, Kuba nervously shared his creations. Everyone was delighted with the beautiful, handmade scarves, hats, and sweaters. Each animal received a gift from Kuba, and the atmosphere was filled with joy and gratitude.

Kuba był pełen radości, widząc, jak szczęśliwe były zwierzątka w swoich nowych, ciepłych ubrankach. To był jego najpiękniejszy prezent dla nich. Wszyscy świętowali Wigilię, dziękując Kubie za jego wspaniałą pracę i życzliwość.

Kuba was filled with joy, seeing how happy the little animals were in their new, warm outfits. It was his most beautiful gift to them. Everyone celebrated Christmas Eve, thanking Kuba for his wonderful work and kindness.

Od tamtej pory, Kuba stał się Zajączkiem Wigilijnym w Zajączkowie. Każdego roku, w Wigilię, dzielił się swoimi umiejętnościami dziergania, tworząc piękne prezenty dla swoich przyjaciół. Jego zaangażowanie i dobroć przypominały wszystkim, że prawdziwa magia Świąt Bożego Narodzenia tkwi w miłości, trosce i gotowości do pomocy innym.

From that time on, Kuba became the Christmas Bunny of Bunnyville. Every year, on Christmas Eve, he shared his knitting skills, creating beautiful gifts for his friends. His dedication and kindness reminded everyone that the true magic of Christmas lies in love, care, and being ready to help others.

Mały Reniferek i Złota Gwiazdka
The Little Reindeer and the Golden Star

W dalekiej krainie, gdzie zima przynosiła śnieg i mroźne powietrze, mieszkał mały reniferek o imieniu Rufus. Rufus miał puszyste, brązowe futerko i wielkie, błyszczące oczy. Był bardzo wesoły i pełen energii.

In a distant land, where winter brought snow and chilly air, lived a little reindeer named Rufus. Rufus had fluffy, brown fur and big, shiny eyes. He was very cheerful and full of energy.

Każdego roku, w okresie Bożego Narodzenia, renifery były wyjątkowo ważne. To właśnie one ciągnęły sanie Świętego Mikołaja i dostarczały prezenty do domów na całym świecie. Rufus marzył, żeby też wziąć udział w tej magicznej podróży.

Every year, during the Christmas season, reindeer were especially important. They pulled Santa Claus's sleigh and delivered presents to homes around the world. Rufus dreamed of being part of this magical journey too.

Noc przed Wigilią, kiedy wszystkie renifery przygotowywały się do podróży, Rufus przyszedł do starszego renifera o imieniu Rudolf. Poprosił go o radę, jak spełnić swoje marzenie. Rudolf uśmiechnął się i powiedział: "Rufus, prawdziwa magia nie tkwi w tym, jak dużo pracujesz, ale w tym, jak bardzo otworzysz swoje serce na dobroć i życzliwość".

On the night before Christmas Eve, as all the reindeer were getting ready for the journey, Rufus approached an older reindeer named Rudolph. He asked him for advice on how to make his dream come true. Rudolph smiled and said, "Rufus, true magic doesn't lie in how much you work, but in how much you open your heart to kindness and goodwill."

Rufus zrozumiał, że nie potrzebuje być największy czy najmocniejszy, żeby być ważnym w świecie Bożego Narodzenia. Postanowił znaleźć coś, co pomoże mu podzielić się radością świąt z innymi.

Rufus understood that he didn't need to be the biggest or the strongest to be important in the world of Christmas. He decided to find something that would help him share the joy of the holidays with others.

Wędrując przez las, Rufus natrafił na małą, złotą gwiazdkę. Gwiazdka miała magiczną moc rozświetlania najciemniejszych zakamarków. Rufus wiedział, że to jest to! Z uśmiechem na twarzy, wziął gwiazdkę do swoich rogów.

As he wandered through the forest, Rufus stumbled upon a small, golden star. The star had the magical power to illuminate even the darkest corners. Rufus knew that this was it! With a smile on his face, he placed the star on his antlers.

Wigilia Bożego Narodzenia nadeszła, a Rufus poczuł się bardzo podekscytowany. Kiedy wszyscy renifery i Mikołaj wsiadali na sanie, Rufus zobaczył, jak jego rogowe gwiazdki świeciły jasno. Był gotów do podróży.

Christmas Eve arrived, and Rufus felt very excited. As all the reindeer and Santa Claus got on the sleigh, Rufus saw his antler star shining brightly. He was ready for the journey.

Podczas podróży przez niebo, Rufus zobaczył, jak gwiazdki migotały i błyszczały. Jego gwiazdka również lśniła, rozjaśniając drogę Świętemu Mikołajowi. Rufus poczuł się wspaniale, wiedząc, że może przyczynić się do magicznej wyprawy.

During the journey through the sky, Rufus saw the stars twinkling and shimmering. His star also shone, illuminating the way for Santa Claus. Rufus felt wonderful, knowing that he could contribute to the magical journey.

Po powrocie do bazy, Rufus został przywitany z radością i podziękowaniami. Jego mała, złota gwiazdka była symbolem jego życzliwości i troski o innych.

Upon returning to the base, Rufus was welcomed with joy and gratitude. His little golden star was a symbol of his kindness and care for others.

Zabawka z Gwiazdką
The Toy with a Star

Było sobie małe miasteczko, gdzie mieszkało wiele dzieci. Wszyscy byli podekscytowani nadchodzącymi Świętami Bożego Narodzenia. W okolicy znajdowała się magiczna fabryka zabawek, gdzie elfy pracowały ciężko, tworząc prezenty dla dzieci na cały świat.

Once upon a time, there was a small town where many children lived. Everyone was excited about the upcoming Christmas holidays. Nearby, there was a magical toy factory, where elves worked hard, creating gifts for children all around the world.

W tym miasteczku mieszkał również mały chłopiec o imieniu Bartek. Bartek uwielbiał Boże Narodzenie i cieszył się na prezenty. Ale co roku, zawsze marzył o jednej szczególnej zabawce - małym misiu z gwiazdką na brzuszku.

In this town, there also lived a little boy named Bartek. Bartek loved Christmas and looked forward to receiving presents. But every year, he always dreamed of one particular toy - a little teddy bear with a star on its tummy.

Bartek wiedział, że te misie były tworzone tylko w magicznej fabryce zabawek. Postanowił napisać list do Świętego Mikołaja, prosząc o tę wyjątkową zabawkę. Był pewien, że św. Mikołaj spełni jego marzenie.

Bartek knew that those teddy bears were only made in the magical toy factory. He decided to write a letter to Santa Claus, asking for this special toy. He was certain that Santa Claus would fulfill his dream.

Nadeszła noc Wigilii, a Bartek nie mógł się doczekać, aż otworzy prezenty. Kiedy wszyscy zasiadali przy wigilijnym stole, nagle usłyszał stukanie do drzwi. To był Święty Mikołaj!

Christmas Eve arrived, and Bartek couldn't wait to open his presents. As everyone sat down at the Christmas table, he suddenly heard a knock at the door. It was Santa Claus!

Święty Mikołaj przyniósł worka pełnego prezentów dla dzieci. Z uśmiechem na twarzy rozdawał prezenty każdemu dziecku. Kiedy przyszła kolej na Bartka, Święty Mikołaj uśmiechnął się i podał mu małą paczkę.

Santa Claus brought a bag full of presents for the children. With a smile on his face, he handed out gifts to each child. When it was Bartek's turn, Santa Claus smiled and gave him a small package.

Bartek nie mógł uwierzyć w swoje oczy, gdy otworzył paczkę. W środku był mały miś z piękną, błyszczącą gwiazdką na brzuszku - dokładnie taki, o jakim zawsze marzył!

Bartek couldn't believe his eyes when he opened the package. Inside was a little teddy bear with a beautiful, shiny star on its tummy - exactly the one he had always dreamed of!

Bartek był pełen radości i wdzięczności. Trzymał swojego nowego misia blisko serca i obiecał, że zawsze będzie go kochać i opiekować się nim. Ta mała zabawka z gwiazdką stała się jego najlepszym przyjacielem.

Bartek was filled with joy and gratitude. He held his new teddy bear close to his heart and promised that he would always love and take care of it. This little toy with a star became his best friend.

Od tej chwili, Bartek i jego miś z gwiazdką spędzali razem wiele wspaniałych chwil. Razem bawili się, odkrywali świat i dzielili radością świąt Bożego Narodzenia.

From that moment on, Bartek and his teddy bear with a star spent many wonderful moments together. They played, explored the world, and shared the joy of Christmas.

Bartek nauczył się, że nie chodzi tylko o prezenty pod choinką, ale o miłość, przyjaźń i radość dzielenia się z innymi. Bożonarodzeniowy misiek przypominał mu o tym każdego dnia.

Bartek learned that it wasn't just about the gifts under the Christmas tree but about love, friendship, and the joy of sharing with others. The Christmas teddy bear reminded him of that every day.

Magiczna Gwiazda Wigilijna
The Magical Christmas Star

Było sobie małe miasteczko, gdzie mieszkały szczęśliwe dzieci. Wszyscy nie mogli doczekać się Świąt Bożego Narodzenia, kiedy całe miasto ożywało magiczną atmosferą. Ale w tym roku miało się wydarzyć coś niezwykłego.

Once upon a time, there was a small town where happy children lived. Everyone couldn't wait for Christmas, when the whole town came alive with a magical atmosphere. But this year, something extraordinary was about to happen.

W centrum miasteczka, na rynku, znajdowało się stare, złote drzewko. Każdego roku na Wigilię zapalało się na nim najpiękniejszą gwiazdę w całym mieście. Miała ona magiczną moc - spełniała marzenia tych, którzy w nią wierzyli.

In the center of the town, at the market square, stood an old, golden tree. Every year on Christmas Eve, the most beautiful star in the whole town would light up on it. It had a magical power - it granted the wishes of those who believed in it.

W tym roku to dzieci miały zadanie wybrać najpiękniejszą gwiazdę do ozdobienia drzewka. Wszystkie dzieci były podekscytowane i pełne pomysłów. Miały tylko jeden dzień na stworzenie swojej gwiazdy.

This year, it was the children's task to choose the most beautiful star to decorate the tree. All the children were excited and full of ideas. They had only one day to create their own star.

Wśród tych dzieci była mała dziewczynka o imieniu Zuzia. Miała długie, złote włosy i błyszczące niebieskie oczy. Zuzia marzyła o stworzeniu najpiękniejszej gwiazdy, która spędziłaby na szczycie drzewka.

Among those children was a little girl named Zuzia. She had long, golden hair and sparkling blue eyes. Zuzia dreamed of creating the most beautiful star that would shine at the top of the tree.

Zuzia zebrała wszystkie materiały, jakie znalazła w domu. Miała kolorowy papier, brokat, koraliki i złotą taśmę. Przez cały dzień pracowała, składając i ozdabiając swoją gwiazdę.

Zuzia gathered all the materials she could find at home. She had colorful paper, glitter, beads, and golden ribbon. She worked all day, folding and decorating her star.

Kiedy nadszedł wieczór, wszyscy zebrali się na rynku, aby obejrzeć i wybrać najpiękniejszą gwiazdę. Zuzia była pełna nadziei i trzymała swoją gwiazdę z dumą.

When evening came, everyone gathered at the market square to see and choose the most beautiful star. Zuzia was full of hope and held her star with pride.

Gdy wszystkie gwiazdy były już gotowe, włączono światła na drzewku. Ale coś nie działo się tak, jak zwykle. żadna gwiazda nie świeciła. Był to moment rozczarowania dla wszystkich.

When all the stars were ready, the lights on the tree were turned on. But something wasn't right. None of the stars were shining. It was a moment of disappointment for everyone.

Nagle, zza chmur, pojawiła się jasna i lśniąca gwiazda na niebie. Miała ona piękne promienie i emanowała magicznym blaskiem. Wszyscy patrzyli w górę, podziwiając to niezwykłe widowisko.

Suddenly, from behind the clouds, a bright and shining star appeared in the sky. It had beautiful rays and emitted a magical glow. Everyone looked up, admiring this extraordinary spectacle.

W tym momencie, Zuzia postanowiła podnieść swoją gwiazdę do góry, w kierunku nieba. I wtedy stało się coś niesamowitego - jej gwiazda zaczęła świecić równie jasno jak ta na niebie.

At that moment, Zuzia decided to lift her star up toward the sky. And something amazing happened - her star started shining just as brightly as the one in the sky.

To było magiczne przeżycie dla wszystkich obecnych. Gwiazda Zuzi wydawała się tańczyć w powietrzu, rozświetlając całe miasto. Jej marzenie się spełniło!

It was a magical experience for everyone present. Zuzia's star seemed to dance in the air, illuminating the whole town. Her dream had come true!

Od tego czasu, gwiazda Zuzi pozostawała na szczycie drzewka przez całe Święta. To była najpiękniejsza i najbardziej magiczna gwiazda, która przypominała wszystkim o sile marzeń i wiary.

From that moment on, Zuzia's star remained at the top of the tree throughout the Christmas season. It was the most beautiful and magical star, reminding everyone of the power of dreams and faith.

Dzieci uczyły się, że czasem magiczne rzeczy mogą się zdarzyć, gdy w coś naprawdę uwierzymy. Ta magiczna gwiazda Wigilijna była symbolem miłości, nadziei i wspólnego przeżywania radości świąt Bożego Narodzenia.

The children learned that sometimes magical things can happen when we truly believe in something. This magical Christmas star became a symbol of love, hope, and the joy of celebrating Christmas together.

Zagubiony Prezent Świętego Mikołaja

The Lost Present of Santa Claus

Był sobie mały elf o imieniu Mikołajek, który mieszkał w magicznym warsztacie Świętego Mikołaja na biegunie północnym. Mikołajek był bardzo pracowitym i odpowiedzialnym elfem. Jego zadaniem było pakowanie prezentów i przygotowywanie ich do podróży na świat.

Once upon a time, there was a little elf named Mikołajek, who lived in Santa Claus's magical workshop at the North Pole. Mikołajek was a very hardworking and responsible elf. His task was to wrap presents and prepare them for their journey around the world.

Wigilia zbliżała się wielkimi krokami, a Mikołajek miał wiele pracy. Wszystko musiało być gotowe na czas, aby Święty Mikołaj mógł dostarczyć prezenty do wszystkich dzieci w nocy. Mikołajek był dumny z tego, że może pomagać w tak ważnej misji.

Christmas Eve was fast approaching, and Mikołajek had a lot of work to do. Everything had to be ready on time so that Santa Claus could deliver presents to all the children at night. Mikołajek was proud to be able to help in such an important mission.

Jednak pewnego dnia, kiedy Mikołajek pakował prezenty, zauważył, że brakuje jednego z nich. Był to wyjątkowy prezent, który miał trafić do małej dziewczynki o imieniu Alicja. Mikołajek był zaniepokojony - co się stało z tym prezentem?

However, one day, as Mikołajek was wrapping presents, he noticed that one of them was missing. It was a special gift intended for a little girl named Alicja. Mikołajek was worried - what had happened to that present?

Mikołajek natychmiast zaczął szukać zagubionego prezentu. Przeszukał cały warsztat, ale nie znalazł go. Był bardzo smutny i nie wiedział, jak to powiedzieć Świętemu Mikołajowi.

Mikołajek immediately started searching for the lost present. He searched the entire workshop, but he couldn't find it. He was very sad and didn't know how to tell Santa Claus.

W tym czasie Alicja, mała dziewczynka, czekała na prezenty na drugim końcu świata. Była pewna, że Święty Mikołaj nie zapomniał o niej. Jednak kiedy nie znalazła swojego prezentu pod choinką, była zasmucona.

Meanwhile, Alicja, the little girl, was waiting for presents on the other side of the world. She was sure that Santa Claus hadn't forgotten about her. However, when she didn't find her gift under the Christmas tree, she felt sad.

Mikołajek postanowił zebrać odwagę i opowiedzieć Świętemu Mikołajowi o zagubionym prezencie. Przyznał się do swojego błędu i obiecał, że zrobi wszystko, żeby go odnaleźć.

Mikołajek decided to be brave and tell Santa Claus about the lost present. He admitted his mistake and promised to do everything he could to find it.

Święty Mikołaj był zrozumiały i pocieszył Mikołajka. Razem z elfem rozpoczęli intensywne poszukiwania zagubionego prezentu. Przeszukali całą fabrykę zabawek i nawet poprosili renifery o pomoc.

Santa Claus was understanding and comforted Mikołajek. Together with the elf, they began an intensive search for the lost present. They searched the entire toy factory and even asked the reindeer for help.

W końcu, w najdalszym zakamarku warsztatu, Mikołajek zauważył mały pakunek schowany pod stosem pluszowych misiów. To był zagubiony prezent dla Alicji! Mikołajek był przeszczęśliwy.

Finally, in the farthest corner of the workshop, Mikołajek noticed a small package hidden under a stack of plush teddy bears. It was the lost present for Alicja! Mikołajek was overjoyed.

Mikołajek i Święty Mikołaj od razu zabrali prezenty i ruszyli w drogę, aby dostarczyć je do wszystkich dzieci na świecie. Kiedy dotarli do domu Alicji, Święty Mikołaj uśmiechnął się i podarował jej zagubiony prezent.

Mikołajek and Santa Claus immediately took the presents and set off to deliver them to all the children in the world. When they arrived at Alicja's home, Santa Claus smiled and gave her the lost gift.

Alicja była pełna radości, kiedy otworzyła prezent. To był najpiękniejszy zegarek, który świecił w ciemności i miała na sobie małą gwiazdkę. Alicja poczuła się wyjątkowa.

Alicja was filled with joy as she opened the gift. It was the most beautiful watch that glowed in the dark and had a little star on it. Alicja felt special.

Od tamtego czasu, Mikołajek obiecał sobie, że nigdy więcej nie zgubi prezentu. Był szczęśliwy, że mógł przyczynić się do radości Alicji i wszystkich dzieci na świecie. Praca Mikołajka była ważna i miała ogromne znaczenie.

From that moment on, Mikołajek promised himself that he would never lose another present. He was happy to have brought joy to Alicja and all the children in the world. Mikołajek's work was important and meaningful.

Dzielny Mały Renifer
The Brave Little Reindeer

Był sobie mały renifer o imieniu Rudi. Mieszkał na biegunie północnym razem z innymi reniferami. Rudi był najmniejszy z całej stada, ale miał największe serce. Bardzo marzył o tym, żeby razem z innymi reniferami ciągnąć sanie Świętego Mikołaja w Wigilię.

Once upon a time, there was a little reindeer named Rudi. He lived at the North Pole with the other reindeer. Rudi was the smallest of the herd, but he had the biggest heart. He dreamed of pulling Santa Claus's sleigh with the other reindeer on Christmas Eve.

Wszyscy inni renifery mówili Rudiemu, że jest za mały i za słaby, aby pomóc Świętemu Mikołajowi. Ale Rudi nie poddawał się. Był pełen determinacji i gotów udowodnić, że jest wystarczająco silny.

All the other reindeer told Rudi that he was too small and too weak to help Santa Claus. But Rudi didn't give up. He was full of determination and ready to prove that he was strong enough.

Kiedy nadszedł dzień Wigilii, renifery przygotowywały się do podróży. Rudi zdecydował, że to jest jego szansa. Podszedł do Świętego Mikołaja i powiedział: "Proszę, pozwól mi pomóc. Mam dużo miłości i chęci, żeby cię wspierać".

When Christmas Eve arrived, the reindeer were preparing for their journey. Rudi decided that this was his chance. He approached Santa Claus and said, "Please, let me help. I have a lot of love and willingness to support you."

Święty Mikołaj spojrzał na Rudiego z uśmiechem i powiedział: "Rudi, doceniam twoją determinację. Daj mi szansę zobaczyć, co potrafisz". I tak, Rudi dołączył do innych reniferów.

Santa Claus looked at Rudi with a smile and said, "Rudi, I appreciate your determination. Give me a chance to see what you can do." And so, Rudi joined the other reindeer.

Nadszedł czas wyruszyć w podróż. Renifery wzięły miejsce przed saniami, a Święty Mikołaj wsiadł do sań. Rudi czuł się podekscytowany i gotowy do działania.

The time came to set off on the journey. The reindeer took their positions in front of the sleigh, and Santa Claus climbed aboard. Rudi felt excited and ready to go.

Podczas podróży, renifery musiały pokonać wiele przeszkód. Mroźny wiatr i śnieżyce próbowały im przeszkodzić, ale renifery trzymały się razem. Rudi niezłomnie ciągnął sanie, dając z siebie wszystko.

During the journey, the reindeer had to overcome many obstacles. The icy wind and snowstorms tried to hinder them, but the reindeer stuck together. Rudi pulled the sleigh unwaveringly, giving it his all.

W końcu, dotarli do każdego domu, dostarczając prezenty dla dzieci. Wszystkie dzieci były szczęśliwe i wdzięczne za prezenty od Świętego Mikołaja.

Finally, they arrived at each house, delivering presents to the children. All the children were happy and grateful for the gifts from Santa Claus.

Święty Mikołaj uścisnął kopytka Rudiego i powiedział: "Rudi, jestem bardzo dumny z ciebie. Twoja odwaga i determinacja sprawiły, że ta Wigilia była wyjątkowa".

Santa Claus shook Rudi's hooves and said, "Rudi, I am very proud of you. Your courage and determination made this Christmas Eve extraordinary."

Rudi uśmiechnął się szeroko. Wiedział, że jego marzenie się spełniło. Był najdzielniejszym małym reniferem na świecie.

Rudi smiled widely. He knew that his dream had come true. He was the bravest little reindeer in the world.

Od tamtego czasu, Rudi stał się cenionym i szanowanym członkiem stada reniferów. Każdego roku, podczas Świąt Bożego Narodzenia, Rudi pokazywał, że nawet najmniejszy może odnaleźć swoje wielkie przeznaczenie.

From that moment on, Rudi became a valued and respected member of the reindeer herd. Every year, during Christmas, Rudi showed that even the smallest one can find their great purpose.

Magiczna Przygoda Mikołajka
Mikołajek's Magical Adventure

Był sobie mały elf o imieniu Mikołajek, który mieszkał w magicznym warsztacie na biegunie północnym. Mikołajek był pełen energii i zapału do pracy. Uwielbiał pomagać Świętemu Mikołajowi w przygotowaniach do Świąt Bożego Narodzenia.

Once upon a time, there was a little elf named Mikołajek who lived in a magical workshop at the North Pole. Mikołajek was full of energy and enthusiasm for his work. He loved helping Santa Claus with preparations for Christmas.

W jedną mroźną noc, gdy wszyscy elfowie pracowali nad prezentami, Mikołajek usłyszał tajemniczy dźwięk. Podszedł bliżej, a dźwięk stał się coraz głośniejszy. To był stukot maleńkich kopytek!

One cold night, while all the elves were working on presents, Mikołajek heard a mysterious sound. He approached, and the sound grew louder. It was the clatter of tiny hooves!

Nagle, przed Mikołajkiem pojawił się mały renifer o imieniu Płatka. Renifer miał na szyi mały dzwoneczek i lśniący nos. Wyglądał na zagubionego i przestraszonego.

Suddenly, a little reindeer named Płatka appeared in front of Mikołajek. The reindeer had a small bell around its neck and a shiny nose. It looked lost and scared.

Mikołajek natychmiast poczuł, że musi pomóc Płatce. Zabrał go do ciepłego korytarza i otulił kocem. Płatka wyglądał zmartwiony. Mikołajek postanowił go pocieszyć.

Mikołajek immediately felt that he had to help Płatka. He took him to a warm corridor and wrapped him in a blanket. Płatka looked worried. Mikołajek decided to comfort him.

Opowiedział Płatce o świątecznej magii, o radości dzielenia się prezentami i o przyjaźni, która panuje w magicznym warsztacie. Płatka przestał się bać i poczuł się lepiej.

He told Płatka about the Christmas magic, the joy of sharing presents, and the friendship that prevails in the magical workshop. Płatka stopped being afraid and felt better.

Mikołajek zapytał Płatkę, jak się tutaj znalazł. Okazało się, że Płatka zgubił się od reszty stada podczas jednego ze sztormów śnieżnych. Chciał wrócić do domu, ale nie znał drogi.

Mikołajek asked Płatka how he ended up here. It turned out that Płatka got separated from the rest of the herd during one of the snowstorms. He wanted to go back home, but he didn't know the way.

Mikołajek obiecał Płatce, że go odnajdzie. Razem wyruszyli na poszukiwanie stada reniferów. Wędrowali przez zaspy śnieżne i zapadłe doliny, śpiewając kolędy po drodze.

Mikołajek promised Płatka that he would find his herd. Together, they set out on a search for the reindeer. They traveled through snowy drifts and deep valleys, singing carols along the way.

Po długiej wędrówce, Mikołajek i Płatka usłyszeli znajomy dźwięk dzwoneczków. Był to dźwięk stada reniferów! Płatka był pełen radości, gdy spotkał swoje rodzeństwo.

After a long journey, Mikołajek and Płatka heard the familiar sound of bells. It was the sound of the reindeer herd! Płatka was filled with joy when he reunited with his siblings.

Renifery i Mikołajek wrócili do magicznego warsztatu, gdzie wszyscy byli szczęśliwi, widząc Płatkę w końcu w bezpiecznym miejscu. Mikołajek został przyjęty z uznaniem za odwagę i dobroć.

The reindeer and Mikołajek returned to the magical workshop, where everyone was happy to see Płatka finally safe. Mikołajek was praised for his bravery and kindness.

Od tamtej pory, Mikołajek i Płatka stali się najlepszymi przyjaciółmi. Razem kontynuowali pracę nad prezentami i cieszyli się magią świąt Bożego Narodzenia.

From that day on, Mikołajek and Płatka became best friends. They continued working on presents together and enjoyed the magic of Christmas.

Dzięki przygodzie Mikołajka, Płatka odnalazł swoje miejsce wśród innych reniferów. Przyjaźń i odwaga Mikołajka na zawsze pozostały w sercach wszystkich elfów w magicznym warsztacie Świętego Mikołaja.

Thanks to Mikołajek's adventure, Płatka found his place among the other reindeer. The friendship and bravery of Mikołajek remained in the hearts of all the elves in Santa Claus's magical workshop.

Zimowy Cud
Winter Miracle

Była raz mała dziewczynka o imieniu Zosia. Zosia mieszkała w uroczym miasteczku otoczonym białymi górami i lasami. Bardzo kochała Święta Bożego Narodzenia i magię, jaka panowała wokół tego czasu.

Once upon a time, there was a little girl named Zosia. Zosia lived in a charming town surrounded by white mountains and forests. She loved Christmas and the magic that filled the air during this time.

Zosia nie mogła doczekać się pierwszego śniegu. Marzyła o tym, żeby zbudować bałwana i ślizgać się na sankach. Patrzyła przez okno każdego ranka, ale śniegu nie było.

Zosia couldn't wait for the first snow. She dreamed of building a snowman and sliding down the hill on her sled. She looked out of the window every morning, but there was no snow.

Z pewnego dnia, Zosia postanowiła złożyć specjalną prośbę do gwiazd. Stanęła na balkonie, spojrzała w niebo i zamknęła oczy. "Droga gwiazdo, proszę, spuść na mnie śnieg. Chciałabym zobaczyć zimowy cud!".

One day, Zosia decided to make a special request to the stars. She stood on the balcony, looked up at the sky, and closed her eyes. "Dear star, please make it snow. I would love to see a winter miracle!"

Nagle, zaczęły się dziać niezwykłe rzeczy. Z nieba zaczęły spadać delikatne płatki śniegu. Zosia otworzyła oczy i zobaczyła, jak jej prośba została wysłuchana. Miasto zamieniło się w białą krainę.

Suddenly, something extraordinary happened. Delicate snowflakes started falling from the sky. Zosia opened her eyes and saw that her request had been answered. The town had turned into a white wonderland.

Zosia wybiegła na podwórko i zaczęła budować bałwana. Formowała kulę za kulą, dodając mu nos, oczy i ręce z patyków. Kiedy skończyła, bałwan miał uśmiechniętą twarz.

Zosia ran into the yard and started building a snowman. She shaped one snowball after another, adding a carrot nose, coal eyes, and stick arms. When she finished, the snowman had a smiling face.

Zosia wzięła swoje sanki i zaczęła ślizgać się po wzgórzu. To był jej ulubiony moment - czuła wiatr we włosach i radość w sercu. Śnieg sprawiał, że wszystko było jeszcze piękniejsze.

Zosia took her sled and started sliding down the hill. It was her favorite moment - she felt the wind in her hair and joy in her heart. The snow made everything even more beautiful.

W międzyczasie, Zosia zobaczyła małego ptaszka, który zgubił się w zimowej szarugi. Ptak wyglądał przemarznięty i osłabiony. Zosia postanowiła pomóc mu.

In the meantime, Zosia saw a little bird that got lost in the winter blizzard. The bird looked cold and weak. Zosia decided to help it.

Zosia ostrożnie podniosła ptaka i przytuliła go do ciepłej dłoni. Ciepło przekazywane przez jej dłonie rozgrzało ptaka. Zosia poczuła się szczęśliwa, że mogła pomóc małemu ptakowi.

Zosia gently picked up the bird and held it close to her warm hand. The warmth from her hand warmed up the bird. Zosia felt happy that she could help the little bird.

Gdy ptak odzyskał siły, wzbił się w powietrze i odleciał. Zosia uśmiechnęła się, patrząc na ptaka, który odzyskał wolność. Wiedziała, że to był kolejny zimowy cud.

When the bird regained its strength, it flew up into the air and flew away. Zosia smiled, watching the bird that had regained its freedom. She knew it was another winter miracle.

Zosia wróciła do domu, wiedząc, że choć jest mała, to może czynić wielkie rzeczy. Przeżyła magiczny dzień pełen śnieżnych przygód i wspaniałych odkryć. Dziękowała gwiazdom za zimowy cud.

Zosia returned home, knowing that even though she was small, she could do great things. She had experienced a magical day full of snowy adventures and wonderful discoveries. She thanked the stars for the winter miracle.

Magiczna Gwiazda
The Magical Star

Było raz w uroczym miasteczku o imieniu Płatkowo. W Płatkowie wszyscy uwielbiali Święta Bożego Narodzenia. Główne miejsce w mieście zajmowała olbrzymia choinka, która rozświetlała całą okolicę.

Once upon a time in a charming town called Płatkowo, everyone loved Christmas. The main attraction in the town was a giant Christmas tree that illuminated the entire area.

W miasteczku mieszkała mała dziewczynka o imieniu Zuzia. Zuzia była pełna radości i entuzjazmu na myśl o nadchodzących Świętach. Marzyła o tym, żeby zobaczyć magiczną gwiazdę na szczycie choinki.

In the town, there lived a little girl named Zuzia. Zuzia was full of joy and excitement at the thought of the upcoming Christmas. She dreamed of seeing the magical star on top of the Christmas tree.

Jednak jednej zimowej nocy, wiatr mocno zawiał i zdmuchnął gwiazdę ze szczytu choinki. Zuzia była bardzo smutna, kiedy usłyszała o tym wydarzeniu. Postanowiła pomóc w jej odnalezieniu.

However, one winter night, a strong wind blew and knocked the star off the top of the Christmas tree. Zuzia was very sad when she heard about this incident. She decided to help find it.

Zuzia postanowiła przeszukać całe miasteczko w poszukiwaniu gwiazdy. Szukała pod drzewami, za budynkami i w parku. Ale nie mogła jej znaleźć. Była zrozpaczona.

Zuzia decided to search the entire town for the star. She looked under trees, behind buildings, and in the park. But she couldn't find it. She was devastated.

Wtedy nagle, z dala na niebie, Zuzia zobaczyła błyszczącą gwiazdę. Była większa i jaśniejsza niż kiedykolwiek. Zuzia wiedziała, że to jest magiczna gwiazda ze szczytu choinki.

Then suddenly, in the distance in the sky, Zuzia saw a shining star. It was bigger and brighter than ever. Zuzia knew that it was the magical star from the top of the Christmas tree.

Zuzia poprosiła gwiazdę, żeby opadła na ziemię. Gwiazda spełniła jej prośbę i opadła delikatnie na dłoń dziewczynki. Miała ona magiczną moc, która mogła przywrócić świetność choince.

Zuzia asked the star to come down to the ground. The star granted her request and gently landed on the girl's hand. It had a magical power that could restore the tree's splendor.

Zuzia wzięła gwiazdę i postawiła ją na szczycie choinki. Natychmiast cała choinka rozświetliła się jasnym blaskiem. Miasteczko ożyło, a wszyscy byli pełni radości.

Zuzia took the star and placed it on top of the Christmas tree. Immediately, the entire tree lit up with a bright glow. The town came alive, and everyone was filled with joy.

Od tamtej pory, gwiazda świeciła na szczycie choinki każdego roku. Płatkowo było znane jako miasteczko, gdzie można zobaczyć najpiękniejszą choinkę z magiczną gwiazdą.

From that day on, the star shone on top of the Christmas tree every year. Płatkowo became known as the town where you could see the most beautiful tree with the magical star.

Zuzia była dumna z tego, że mogła przyczynić się do ożywienia magii świąt w swoim miasteczku. To było najlepsze prezent, jaki mogła sobie wymarzyć.

Zuzia was proud to have contributed to the revival of the Christmas magic in her town. It was the best gift she could have dreamed of.

Każdego roku, Zuzia podziwiała choinkę i świecącą gwiazdę na szczycie. To przypominało jej, że nawet małe dzieci mogą spełniać wielkie marzenia i czynić świat piękniejszym.

Every year, Zuzia admired the Christmas tree and the shining star on top. It reminded her that even little children can fulfill big dreams and make the world a more beautiful place.

Magiczny Skarbiec Świąt
The Magical Treasure of Christmas

Była sobie mała dziewczynka o imieniu Julia. Julia uwielbiała Święta Bożego Narodzenia, kiedy dom wypełniał się zapachem pierników, a choinka błyszczała tysiącem światełek.

Once upon a time, there was a little girl named Julia. Julia loved Christmas, when the house was filled with the scent of gingerbread and the Christmas tree sparkled with a thousand lights.

W pewnej zimowej nocy, Julia miała niezwykłe marzenie. W śnie przybyła do magicznego kraju Świąt, gdzie na horyzoncie błyszczały zamek ze słodkimi cukrowymi wieżami.

One winter night, Julia had an extraordinary dream. She arrived in the magical land of Christmas, where a castle with sweet candy towers sparkled on the horizon.

Julia postanowiła odkryć skarb tego magicznego miejsca. Wędrowała przez kręte ścieżki i spotkała elfy, którzy pomagali Świętemu Mikołajowi przygotować prezenty dla dzieci.

Julia decided to uncover the treasure of this magical place. She wandered along winding paths and met elves who were helping Santa Claus prepare gifts for children.

Nagle, zobaczyła tajemniczą skrzynię, która lśniła niczym złoto. Skrzynia była strzeżona przez dwóch radosnych reniferów.

Suddenly, she saw a mysterious chest that shimmered like gold. The chest was guarded by two joyful reindeer.

Julia zapytała renifery, co znajduje się w tej skrzyni. Renifery uśmiechnęły się szeroko i powiedziały: "To jest skarbiec Świąt, w którym przechowywane są marzenia i radość".

Julia asked the reindeer what was inside the chest. The reindeer smiled widely and said, "It is the treasure of Christmas, where dreams and joy are kept."

Julia była pełna ciekawości i pragnęła zobaczyć skarb na własne oczy. Poprosiła renifery o pozwolenie, by móc otworzyć skrzynię.

Julia was full of curiosity and wanted to see the treasure with her own eyes. She asked the reindeer for permission to open the chest.

Renifery kiwnęły głowami z aprobatą i powiedziały: "Tylko osoba o czystym sercu i prawdziwej wierze może otworzyć skrzynię".

The reindeer nodded in approval and said, "Only a person with a pure heart and true belief can open the chest."

Julia poczuła ogromne podekscytowanie. Jej serce było pełne miłości i radości. Powoli podniosła wieko skrzyni, odsłaniając blaskujący blask.

Wewnątrz skrzyni były tysiące małych migoczących gwiazdek, które tańczyły wokół Julii. Były to marzenia dzieci, które czekały na spełnienie.

Inside the chest were thousands of tiny twinkling stars that danced around Julia. They were children's dreams, waiting to be fulfilled.

Julia była zaskoczona i wzruszona. Wiedziała, że te marzenia miały ogromną moc. Postanowiła spełnić jak najwięcej z nich, by dzieci były szczęśliwe.

Julia was surprised and touched. She knew that these dreams had great power. She decided to fulfill as many of them as possible, so that children would be happy.

Po powrocie ze swojego marzenia, Julia obudziła się z uśmiechem na twarzy. Wiedziała, że magia Świąt jest wszędzie, w sercach i marzeniach.

Upon waking from her dream, Julia had a smile on her face. She knew that the magic of Christmas is everywhere, in hearts and dreams.

Tajemnica Świątecznej Gwiazdy
The Secret of the Christmas Star

Było sobie małe miasteczko zwaną Świątopolis, gdzie każdego roku odbywała się magiczna parada z okazji Świąt Bożego Narodzenia. Miasteczko było ozdobione tysiącem kolorowych światełek i mieniących się girland.

Once upon a time, there was a small town called Świątopolis, where every year a magical parade took place to celebrate Christmas. The town was adorned with a thousand colorful lights and shimmering garlands.

W jednym z domów w Świątopolis mieszkała mała dziewczynka o imieniu Zuzia. Zuzia uwielbiała Święta i szczególnie fascynowała ją najjaśniejsza i najpiękniejsza gwiazda na niebie.

In one of the houses in Świątopolis, lived a little girl named Zuzia. Zuzia loved Christmas, and she was particularly fascinated by the brightest and most beautiful star in the sky.

Pewnej nocy, podczas spaceru, Zuzia zobaczyła spadającą gwiazdę. Była to jej wymarzona szansa, aby odkryć tajemnice tej magicznej gwiazdy.

One night, while taking a walk, Zuzia saw a shooting star. It was her dream opportunity to uncover the secrets of this magical star.

Zuzia postanowiła podążać za spadającą gwiazdą. Wędrowała przez las, aż dotarła do ukrytej czarodziejskiej polany. W jej centrum znajdowała się ogromna, migocząca gwiazda.

Zuzia decided to follow the shooting star. She wandered through the forest until she reached a hidden magical clearing. At its center, there was a huge, twinkling star.

Gwiazda zaczęła delikatnie mówić do Zuzi. Opowiedziała jej, że posiada magiczną moc, która spełnia najskrytsze marzenia.

The star began to speak softly to Zuzia. It told her that it possessed magical power to fulfill the deepest desires.

Zuzia była zaskoczona, ale bardzo szczęśliwa. Powiedziała gwiazdzie o swoim największym marzeniu - chciała, aby wszystkie dzieci na świecie miały prezent na Boże Narodzenie.

Zuzia was surprised but very happy. She told the star about her biggest dream - she wanted all the children in the world to have a present for Christmas.

Gwiazda obiecała spełnić to marzenie. Powiedziała Zuzi, żeby wróciła do domu i czekała na niespodziankę.

The star promised to fulfill that dream. It told Zuzia to go back home and wait for a surprise.

Następnego ranka, Zuzia obudziła się z podnieceniem. Chciała zobaczyć, co przyniesie jej ta magiczna gwiazda. Pobiegła do salonu i nie mogła uwierzyć w to, co zobaczyła.

The next morning, Zuzia woke up with excitement. She wanted to see what this magical star would bring her. She ran to the living room and couldn't believe her eyes.

Na choince stała góra prezentów - były tam prezenty dla wszystkich dzieci na świecie. Zuzia wiedziała, że to był dar od magicznej gwiazdy.

There was a mountain of presents under the Christmas tree - there were gifts for all the children in the world. Zuzia knew it was a gift from the magical star.

Zuzia była przeszczęśliwa. Jej marzenie się spełniło dzięki magicznej gwiazdzie. Postanowiła podzielić się tymi prezentami z innymi dziećmi, aby wszystkie miały radość Świąt Bożego Narodzenia.

Zuzia was overjoyed. Her dream had come true thanks to the magical star. She decided to share these gifts with other children so that everyone could experience the joy of Christmas.

Od tego czasu, Zuzia wraz z innymi mieszkańcami Świątopolis organizowali coroczną paradę, gdzie rozdawali prezenty i świętowali razem. Wiedzieli, że tajemnica gwiazdy to miłość i życzliwość, które należy rozsiewać na świecie.

From that day on, Zuzia, along with other residents of Świątopolis, organized an annual parade where they distributed gifts and celebrated together. They knew that the secret of the star was love and kindness, which should be spread throughout the world.